호텔 나나

안유경 시집

문학의전당 시인선
386

호텔 나나

안유경 시집

문학의전당

시인의 말

잊는다는 것이
결핍이 된다는 것을
소렌토에 가서 알았다.

나의 바다
나의 하늘이었던 사람들은
다 어디로 간 것일까.

한 시절
뜨거운 나뭇잎이
발등에서 흔들거리고 있다.

2023년 11월
안유경

차례

제2부

제3부

제4부

제1부

36인치 캐리어

밝음을 사기 위해
볕이 좋은 지중해로 가기로 한 것인데

가방의 크기만큼 밝아진다고 해서
초대형 가방을 사고
가방에 넣을 목록들을 작성하다가

고인 물과 고여서 썩은 사람을 넣어 가져왔다고
초등학교 때 선생님한테 손바닥 맞는 꿈을 꾸고는

나중에 가방에 고인 것들이 우르르 몰려나올 때
눈물이 나올까 봐 걱정도 되는 것인데

낯선 땅에서 만나는
또 하나의 내가 이렇게 말해주었으면 좋겠다

당신은 이제 우리입니다*

---

*박라연 시, 「베네치아 가방」 패러디.

문화생활

장마가 시작되자
전신주가 넘어지고
봉천내 다리까지 흙탕물이 차올랐다

원주천변 위를 맴돌던 새 떼가 날아올랐다
깨진 유리가 밀짚모자 위로 리어카 위로 핸드백 위로
여자아이의 손목 위로 새처럼 날았다

유리들이 바닥에 보석처럼 반짝이던 날
거리는 문화적으로 북적였다

극장 간판은 시속 100킬로미터로 흔들리는데
극장 안 사람들은 정면을 향해 안정적인 자세를 취했다
애국가가 흘러나올 때는 가슴에 손을 얹었다
뒤통수만 봐도 알 수 있는 사람들이 거기 있었다

동네 사람들은 모두 골목에 살았고
골목의 시작과 끝은 똑같아서

골목 사람들은 서로 알고 있는 사람이 되었다

골목 끝에서 극장까지 가는 세상이
영화 속 세상보다 작았지만

한쪽 팔에 붕대를 감은 여자아이는
날마다 극장의 문고리를 잡아당겼다

그 무렵 여자아이는 고추장 항아리만큼 자랐다

가능성에 대하여

혁명적인 사랑을 꿈꿨지

낡은 보라색 소파에 기대앉아
노른자 넣은 쌍화차를 마시는 남자의 입을 보고 있었지
거대한 하마가 보름달을 삼키는 것처럼 보였어

남자가 어제의 감정에 오늘 할 일을 보태느라
수첩에 줄을 긋기 시작했지
차근차근 천천히 골몰해 가는 얼굴이
전등 빛에 하얗게 말라갔어

거기까지는 표트로*의 자화상 같았는데
티브이에서 태풍 셀마에 휩쓸려 가는 사람들이 나오자
남자가 파도에 휩쓸려 가는 것처럼 비명을 질렀어

혁명도 저런 것이 아닐까
곰곰이 생각해 봤지
바람의 연대기는 늘 이런 식이었어

세상이 갑자기 갑갑해졌고
비린 습기들은 대형 수족관으로 변해 있었어
수족관에 있던 사람들이 이리저리 탈출구를 찾기 시작했지

이미 달을 삼켜버린 하마 앞에서
여자가 찻잔 바닥을 긁으며 중얼거렸어
우리 다시 사랑할 수 있을까

---

*표트로 콘찰로브스키: 러시아의 화가, 후기인상주의, 표현주의, 입체주의 양식으로 그림을 그린 다작 화가.

맨해튼 레스토랑

주인 여자는 좀처럼 웃지 않았다

주방장은 틈틈이 구석에 쪼그라져 소주를 마셨다
홀이라고 부르는 곳에서 사람들은 오징어에 병맥주를 마시거나
나이프를 들고 종이처럼 얇은 고기를 썰었다

레스토랑에는 검은 동굴 같은 방이 있었다
그곳에서 가끔씩 고양이 우는 소리
크리스털 컵이 부서지는 소리가 들렸다

룸에서 나오던 예쁘장한 미군이 웃으며 1달러를 주었다
서툰 영어가 망가진 자동차처럼 덜컹거리며 손사래를 쳤다

주인 여자가 유난을 떤다고 눈을 흘겼다

군대 간 애인 때문에 바텐더가 돌아오지 못했을 때
술에 취한 주방장 때문에 홀이 아수라장이 되었을 때

주인 여자의 입에서는 온갖 쌍욕이 튀어나왔다

하루가 끝났을 때
테이블에는 휴지와 담배꽁초가 수북이 쌓이고
바닥에는 주인 잃은 귀고리와 안경알들이 굴러다녔다

주인 여자는 프런트에서 침을 발라 돈을 세었다
빨간 매니큐어를 바른 손가락이 팔랑개비처럼 돌았다

테이블보에 얼룩진 토마토케첩을 닦으며
인간의 품위라는 말을 떠올렸다

스무 살 여름이었다

부재

그가 살았던,
파란 대문 집에 메모를 붙인다

어떤 방법이라도 찾아야 했다
그의 부재가
나의 하루를 갉아먹기 시작했기 때문이다

일 년째 그는 전화를 받지 않는다

대문 틈으로 보이는 그의 방문에는
아직도 무거운 자물통이 걸려 있고
툇마루에는 먼지가 쌓여 있다

머그컵을 들고,
책을 읽었던 느티나무 아래 나무 벤치도
혼자서 바람을 맞고 있다

골목을 나와 초등학교 팻말이 보이는 이쯤에서

그의 손이 내 손을 짧게 스쳤었다

문구사 옆 구멍가게에서 솜사탕을 사서 물고
노을이 물든 바람벽에 그림자 키를 재거나
이집 저집 사람들 사는 모양을 기웃거렸는데

오늘 그에게 연락이 온다면 무슨 말을 할까

어떻게 지내?
무슨 일 있어?
아픈 거야?

수십 번 되뇐 말들이 길가에 흩어진다

한여름 밤의 꿈

여자는 싱가포르에도
홍콩에도
뉴욕에도 간다

머라이언이 내려다보는 유람선에서
식탁 위 바닷가재가 여자의 몸을 집게로 들어 올리더니
가슴부터 파먹기 시작한다
시커먼 피가 굳어 있는 가슴에는 녹음기가 들어 있는지
귀에 익은 목소리가 흘러나온다
담배꽁초로 만든 빌딩에서 안개가 흘러나온다

피크 트램을 타고 언덕을 오른다
등줄기는 서늘해지고
언덕 아래 도시는 안개에 잠겼다
빌딩에서 나오는 불빛들이 별이 되어 흩어진다
가로등 아래 검은 모자의 사내가
붉은 장미가 그려진 원피스를 입은 여자를 그린다
여자는 사내의 모자를 향해 지폐 두 장을 던진다

오페라 극장의 회랑을 돌아 꿈의 입구에 도착한다
수백의 눈동자가 올려다보는 무대에는
자식을 잃은 여자의 절규가 가득하다
수증기가 된 슬픔이 공중을 돌아다니는데
여자는 어쩌면 꿈일지도 모른다고 말하면서
커다란 냅킨으로 온몸을 감싼 채 식탁만큼 큰 입을 벌려 스테이크를 먹는다
소의 앞다리로 만든 의자 다리가 맛있다고
맛있다고 말하는 순간은 슬프지 않다고 말한다

여자의 배는 풍선처럼 부풀어 오르는데
여자는 자꾸 배가 고프다고 말한다

비로소 꿈의 출구를 찾는다

메멘토 모리

나도 내가 보고 싶어

보랏빛 물고기가 보였었지
물의 깊이를 잴 수 없는, 깊은 곳에서 웃고 있었지
떨어지고 남은 비늘이 몇 개인지 보였어

그걸 오늘이라고 기억해

오늘은 유난히 눈 밑이 처져 있어
〈레드〉라는 영화를 보다가
폭설에 대한 상상을 하다가
공중전화에 대한 시를 쓰다가
노트북을 떨어뜨렸지

그걸 어제라고 생각해

눈동자의 감정을 아직은 모르겠어
울고 싶어서 슬픈 건지

기쁘니까 울고 싶은 건지

오늘 나에게 너는 누구냐고 물었어
나는 한 번 물었는데 너는 몇 번을 대답했지

나뭇잎은 푸르기만 한데 벌써 폭설이 내렸다고
아직 수천 개의 내가 살고 있다고

아직 놀라운 봄이야

얼굴 없는 희망

소리는 언제나 현관문 여는 소리로부터 시작된다

그녀는 언젠가부터
눈물과 주름이 늘어난다고 했다

한 발 한 발
나무 계단에 닿는 슬리퍼 소리가 점점 무거워진다

그녀의 불행이 모두의 잘못인 것처럼
아까부터 LED 전등이 그녀의 소리를 듣고 있다

슬리퍼 소리
물 내려가는 소리
약병 뚜껑 따는 소리
옷장 문 여닫는 소리

그녀는 침대로 가기 전에
전등을 꺼달라고 말해볼까 하지만

그녀의 소리들은 야위어서 아무에게도 들리지 않는다

그녀가 방문을 닫고
딸각, 문고리를 거는 소리가 들린다

그제서야 어둠이 살금살금 기어가 불을 끈다

호텔 나나

여기는 언제나 빈방이 많아
건물이 아주 낡았기 때문이지

해 질 무렵
호텔을 나와 흐릿한 간판 아래 서 있으면
민트색과 핑크색 물방울이 공중에서 날아다니는,
한낮에 꾸는 꿈을 꾸는 것 같아

방금 호텔 앞에 빨강 포르셰가 서고
노랑 레깅스에 흰색 하이힐을 신은 여자가
고양이 걸음으로 호텔로 들어갔어
한쪽 어깨가 몹시 기울어진 남자가 그 뒤를 따라갔지

어제는 몸이 풍선처럼 부푼 여자가
귀밑 애교머리를 넘기면서
장딴지가 굵은 남자에 떠밀려 들어갔는데

이곳에서 만난 사람들은 모두 얼굴이 없어

출입문을 열고 들어가면
쇠창살에 뚫린 조그만 구멍으로 아주 낡은 말소리와
열쇠가 매달린, 202호라고 쓴 나무 판때기가 불쑥 나오지

주인 여자는 호텔처럼 백골이 다 된 듯해
언젠가, 언제나 푸른 꽃인 곰팡이가
이곳을 완전히 덮어 버릴지 몰라

어떤 이들은 사랑하기 위해서 이곳으로 오겠지만
어떤 이들은 이별하기 위해서도 오겠지

창문 밖으로 자동차 바퀴에 다리 잘린 고양이가
집채 같은 몸을 끌고 가는 게 보였어

봄, 다시

벽에 걸린
트리초스 이파리들이 흔들린다

바람이 불면
가슴속 사막이 뱀처럼 꿈틀거리기 시작한다

회오리 소리
울음소리 같기도 하다

확실한 건 내가
그 누구를 위한 사랑을 한 번도 하지 않았다는 것

결국 아무도 사랑하지 않았다는 것이다

새벽에
모카포트에 과테말라 원두를 끓이며
아무리 생각해 봐도
사랑했다는, 아무런 징표가 없다

도대체 그때
그는 얼마나 부서진 걸까

줄 수도 없고
받을 수도 없는 사랑

슬프다
슬퍼야 한다

인간관계론

2021년 8월
나의 뇌는 아직 싱싱하다

내 몸을 둘러싼 사물
사람들의 이름을 생생히 기억해 낸다

낡고 너덜너덜해진 기억은
뒤로 밀려나다가
새로운 기억을 오려내기도 하고
덮어쓰기도 한다

기억들을 정리해서 벽돌 모양으로 찍어낸다
세월의 벽돌은 모두 각이 지고 네모났다

온몸이 허물어지던 삼 년 전 일은
가운데 커다란 구멍이 나 있고
시작과 끝이 똑같은 그제 일은
유난히 모가 나 있다

인간관계는 순서 없이 배열된다

밀라노에서 살다 왔다는,
나이 든 여자가 말한다
인간관계에도 유효기간이 있다고

텅 빈 논바닥에
백로들이 하얗게 몰려 있다

중심

늘 밝음이라는 이름이 있었는데
잠시만 어둠이라는 이름표를 단 사람처럼
그 여자가 말했어

미술 시간에 본
사과의 일그러진 그늘이 생각난다고
그늘이 뱅뱅 돌았는데
중심이 움직인다는 걸 그때 처음 알았다고

다음 시간 국어 선생이 사과처럼 보였고
그의 검은 눈도 사과 씨 같았다고

가운데 문단이 늘 중심인 줄 알았다는
그 여자가
빨리 어둠을 씻어야 한다고 나가 버렸어

아메리카 사막의 선인장처럼
사람들은 그늘을 싫어해

그늘이 없는 기억들만 기억하고 싶어 하지

저기 저 앞자리에 앉은 여자들도
차는 안 마시고 카메라 셔터만 눌러대고 있잖아

여기저기
빛이 넘쳐나고 있어

현재진행형

오늘 열세 번째 노트북을 연다

한 남자가 폐허가 된 도시에서 울부짖는다
갈라진 콘크리트 바닥에 개가 긴 혀를 빼물고 앉아 있고
다리가 잘린 아이가 들것에 실려 나온다

반가운 국군의 날이 십 년 만에 돌아왔다
태극기가 힘차게 펄럭였고 군인들이 태극기 앞에서 로봇처럼 걷는다
군인들 앞에 선 통수권자가 로마 황제처럼 보인다

1등 당첨을 알리는 플랜카드가 걸린 복권판매대 앞에서
사람들이 길게 줄을 선다
경기는 어렵다는데 두 시간 일을 하면 일당 십만 원을 준다는 문자가 온다

커서를 움직일 때마다 유튜브는 거짓말을 하거나 금지된 약물을 먹은 사람들의 이야기들을 끊임없이 쏟아낸다

가짜뉴스투성이인 유튜브에서 가짜뉴스를 근절하자는 구호가 한창이다

눈이 아파오는 데도 계속 커서를 옮긴다

무의식의 바다

버드나무 이파리처럼 반짝거리거나
때로는 도시의 네온사인처럼 일렁거렸지

언젠가부터 뿌연 물속에 있는 것들을 보기 시작했어

누군가의 머리카락이 수초처럼 엉켜 있었고
혈흔이 묻은 손가락 밴드가 엔젤피시처럼 보였지

누군가의 손톱에서 떨어진 분홍색 네일아트가 벚꽃처럼 휘날리기도 했어

어제저녁에 먹은 연어가 떠올랐지
열도에서 온 것인지도 모른다고 생각했어

빛은 사방으로 퍼져 길을 알 수 없게 되었어

내게 열두 개의 지느러미가 생기기 시작했지

제2부

먼 곳

치악산 전나무 숲에서
불덩이가 될 때까지 슬픔이 차올라
비를 맞았다

숲이 흔들리고
몸이 나무가 될 때까지 비가 내렸다
비가 내릴수록 숲은 어두워졌다
마침내 숲은 통증이 되어 구름을 넘었다

비틀거려도 가슴은 뜨거웠다
통증도 꽃병의 물처럼 줄어든다고 위로했다

언제부터인가 8월은 있었고
나는 백 년 동안 잠 속에 있을 것이다

원주역 1

버석하게 마른 사랑이
종이 인형처럼 걸어 나오던

봄꽃처럼 미리 핀 사랑이
낙엽처럼 바람에 가볍게 날아가던

레코드 가게 캐럴을 따라
A도로 자동차 불빛을 따라
설국여인숙, 무아다방, 원주식당
어둠 끝자락에 전등 환히 빛나던

소주병과 국수 다발 홍청거리고
누런 발의 노숙자들이 노랗게 졸던

흩날리는 눈발 따라
쓸쓸한 눈빛들이 서성이던

하꼬방 같은 내 집에

처음으로 안도했던

그곳
원주역

벌써 그리운,

그 무렵

각얼음을 유리컵에 가득 채워
세상의 허기를 채우던 때

장터 식당에 앉아
순식간에 먹어치운 국수를 떠올린다

두꺼비를 삼킨 뱀의 목줄기처럼
늘어났던 포만감

출입문에 달린 풍경처럼
바람이 불 때마다 흔들리던 청춘을 떠올린다

젖은 우산을 들고 들어온 그가
장터를 열 번이나 돌았다고 말했다

기름이 잔뜩 묻은 녹두전
찌그러진 막걸리 주전자를 떠올린다

저만치 보이는 느티나무 아래
남의 집 굴뚝에서 솟는 연기에
집으로 돌아가고 싶었던

그날의 늦은 오후를 떠올린다

흐르는 시계

테이블 위에 책 한 권 놓여 있다
달리, 고흐, 마티스가 있는 곰브리치의 『서양 미술사』

표지를 열었더니
'95년 원주 동아서점에서'라고 써 있다

원동성당 근처 아틀리에를 나와
무작정 길을 걷다가
문득 잊은 것이라도 있는 양 책방에 들어갔을 것이다
햇살에 지그시 감긴 눈으로
신경숙을 지나
움베르토 에코를 지나
짐짓 뒷짐을 지고 한참을 서 있었을 것이다

여행을 할 것인가
목돈을 만들 것인가
순간 망설였을 것이다

갈피갈피 오래된 글씨
밑줄 친 문장에서 나를 본다

여전히 같은 나
여전히 외로운 나

그때도 흐린 날이었을 것이다

욕망의 시차

일기 속에서
글자들이 타투처럼 각인된 날들이 있었지

82년 3월 9일
엄마는 금반지를 팔아 월세를 보냈지만
나는 어제 처음 만난 사람과 육림고개에서 술을 마셨지

83년 3월 9일
바람이 거꾸로 불어와
밤새도록 잠을 잘 수 없었지

전쟁 중인 새들의 날갯짓 소리
투망에 걸려든 물고기가 버둥거리던 소리
티브이를 보던 사람들의 비명 소리가
그날은 한꺼번에 들렸어

살아 있는 우리가 낱낱이 발가벗겨진 그날
억울하게 죽은 유령들이 자꾸 나타나

숨쉬기조차 힘들었어

항상 위험한 일은 밤에 일어났지

한숨을 내뱉으며
더러운 세상이라고 말해버렸지

그날, 새벽
눈을 뜨고 살아 있다는 것이 부끄러웠어

태백역

우리는 많은 역을 가지고 있지

텅 빈 대합실에 안녕이라고 인사하고
신발 밑창더러
연탄재 부서지는 소리를 내라고 해도

아무도 내 이름을 불러주지 않지만

어디선가 새어 나온 불빛이
움츠린 어깨에 올라타기라도 하면
용케 불빛의 거처를 찾아내지

카나리아 새를 내려놓은 광부가
긴 장화를 벗고
소주 한 잔을 권할 것 같은
태백여인숙

오늘

광부의 아내가 되기로 하고
미아리고개를 흥얼거리지

집 잃은 별이 될
내 안의 나도 길을 잃어버리지

골목길

저녁밥을 먹고도
볶은 콩 한 주먹을 호주머니에 넣고 다녔지

콩을 깨물 때마다 어둠이 살아났어

골목의 절반이 잿빛이 되어도
골목의 절반이 노을이 되어도

그곳은 늘 어두웠지

푸른 이끼가 낀 우물
서까래가 내려앉은 집이 다정하게 보였어

한때 머리에 수건을 쓰고 물을 긷던
한때 담배를 물고 짐차를 끌고 오던
여인과 사내를 떠올렸지

담벼락에 난 구멍으로

밤마다 쥐들이 들락거렸어

세상이 어두울 때만 골목은 환해졌지

42번 국도

나를 치고
고라니를 치고
전봇대를 부수는 상상을 한다

안개의 영토에서는 고라니나 전봇대가 살지 않는 게 확실하다
다행이라고 생각한다

낡은 자동차 유리창에는 곤두박질친 콩새의 비명이
타이어에는 다리 잘린 고라니의 통곡 소리가 화인처럼 박혀 있다

둔덕으로 사라진 안개들이 불안하게 엉켜 밤을 거스르고 도로를 거스른다

여기까지는 무사히 달려왔다
숨죽인 몸은 아직 안개와 대치 상태다

안개의 영토에서는
모든 것들이 소외되지만
삶은 마침표 없이 진행된다

원주역 2

열아홉 달력에 서울이라 쓰고
날짜 세며 기다렸지

서울 가는 날
역사(驛舍)의 시린 바람
단발머리 여자애 서넛
비둘기호 가만히 끌고 달렸지

청량리역 앞에는
물건들 빼곡하게 줄서 있던 백화점이 있었지
마네킹은 겨울인데도 비키니를 입고 있었지

집을 팔아도 살 수 없는 것들이 많았지
쇼핑백을 몇 개씩 들고 웃고 있는 사람들 외계인처럼 낯설었지
진열장 유리에 보이는 내 얼굴 창백해졌지

줄 귀걸이 한 개 겨우 주머니에 넣고 돌아오는 길

청평강을 지나는데 슬그머니 눈물이 나왔지

돌아와 선 원주 역사(驛舍)
광장 시계탑 바늘이 얼어서인지 더디게 가고
국화빵은 눈 속에 아름다운 꽃을 피웠지

지금도 원주역에 가면
벙어리장갑 손끝부터 시리고
감색 운동화 눈에 푹푹 빠진 채로 걷지

시계탑 바늘은 늘 그 시간에 멈추어 있지

ㅁ자 여관

책들이 여기저기 오름을 만든 방에
1호실 남자가 손 베개를 하고 쪽잠을 잔다

2호실 여자는 방바닥에 펼쳐진 1호실 남자의 노트를 훔쳐 본다
모나미 볼펜으로 꾹꾹 눌러 쓴, 첫사랑 이름
눈썹달이 뜬 밤에 1호실 남자가 다정하게 들려주던 시구가 들어 있다

후드득, 노트에 2호실 여자의 눈물이 떨어진다

화장을 마친 3호실 여자가
흘끔거리더니 구슬 백을 흔들며 나가 버리고

온몸에 검정 기름칠을 한 4호실 남자가
제 방에서 기타를 들고 나오더니 노래를 부르기 시작한다

버려진 휴지처럼 누워 있는 5호실 남자는 문틈으로 노래를

듣고

실눈을 뜬 채 기어 나온 6호실 여자는 마루에 앉아 턱을 흔든다

눈물 때문인지
노래 때문인지
마당에는 안개가 낀다

출구는 어디에도 보이지 않는다

춘천 별곡

강가에 보이는 카페 〈음악창고〉
커다란 진공관 앰프에서 귀에 익숙한 노래가 들린다

40년 전 효자동 자취방에서
이불 뒤집어쓰고 서시를 외고 있을 때
트랜지스터라디오에서 조용히 흘러나오던
김태화의 〈안녕〉이란 노래

커피를 마시는데 눈물이 나왔다
사십 년 전 그때도 눈물이 났었다

떠돌았던 모든 것들이 일제히 가라앉던 그때
주인집 전화벨 소리
대문간 신발 소리가 환청으로 들리던 그때

버스터미널에서 어긋나 버린 욕망을 보내고
명동까지 따라오던 잿빛 하늘
바람 불면 삐걱삐걱 소리를 내던 파랑 양철 대문

연탄불 꺼진 문간방에서
사랑의 암호를 해독하기 위해 웅크렸던 밤들이
한꺼번에 몰려왔다가 사라졌다

허기가 따라다녔던 그곳의 기억들은 불완전하게 생성되고
소멸되었다

노을이 강에 투신 중이다

술자리에 대한 예의

등이 굽은 사내가 울고 있다
모른 척하고
그냥 입 다물고 있기에는 세 시간의 술자리가 힘들다

남의 이야기는 흥미롭지만 원래 빨리 끝나지 않는다
적당하게 말을 끊고 자리를 뜨고 싶은데
기회가 오지 않는다

그 사내가 죽고 싶다고 말한다
살 만큼 살아 놓고,
열심히 살았는지도 의심스러운 그가 통곡을 한다

그는 울지만 나는 관계의 한계가 있다
저쪽 테이블에서 소주 세 병을 먹은 사람이 또 엎어졌다
엎어진 김에 우는 건지 울려고 엎어지는 건지 모르겠다

'어찌 살아도 사는 게 찬란한 거 아닌가'
'누군들 그렇지 않은가'

머릿속에서 말들이 말에게 말을 건다

한계는 예의를 좋아해서
일단 관계는 밀어내지 않기로 한다

그를 위해서 콜택시 번호를 찾는다

안부

잘 지내느냐고
몇 마디 보내주면 안 되나

찬바람 불 때
술 항아리 옆에 붙은 나방처럼
취하는 거 같다가도
아니기도 하고
몽롱한 채 살고 있는데

칠백육십오일을
꽃무늬 나이롱 삼단 요에 얼굴을 묻었다가 울었다가
아리랑 시대 신파 배우가 되었는데

그리움의 독을 빨아내느라
온몸에 생채기도 수없이 늘어났는데

아무 새벽이거나
이렇게 맑고 아름다운 날

앞마당 긴 나무 의자에
우두커니 앉아 있기라도 하면 안 되나

입춘

머리가 분수처럼 솟은 소녀가 철길을 향해 뛰어간다
소녀의 머리 위로 수십 개 아지랑이가 피어오른다

점점 뒷골목으로 변해가는 세상 속으로
눈보라가 몰아친다
바람 부는 대로 휩쓸려 가는 눈발들

노랑나비 떼가 모여들던 우물이 지나간다
우물 속에 고여 있는 분가루들을 본다

생각의 무게를 견디지 못한 통증이 허리로 몰려온다

온몸을 일그러뜨리며 기지개를 켠다
다시 나비 떼들이 아른거린다

어느새 봄이 내 곁에 앉아 있다

제3부

가을 숲

붉은 숲에 누웠습니다

소나무와 잣나무가 어깨를 걸고 꼿꼿이 서 있습니다

나뭇가지 위에서 새들은 제 울음을 울고
청설모의 꼬리털은 부지런히 가을을 밀어냅니다

푸른 하늘에 수많은 그림들이 떠 있습니다

젖 투정하다 내쳐져 우는 아이
골목을 빠져나가는 열일곱 계집애의 무늬 없는 가방
사랑해, 라고 써 있는 암 병동 유리창이 보입니다

발목이 시린,
깃털이 빠져버린 늙은 새가 보입니다

눈물이 흐를까 봐
눈을 감았습니다

오래된 집

집을 그렸다

둥근 해가 셋이나 떠오른 지붕 위에
안드로메다 별자리가 수없이 떠올랐다

마당 한가운데 모래집을 지어놓고
기와 조각을 다져 만든 의자에 앉아
서울로 돈 벌러 간 언니와
38선 옆 군대에 간 오빠의 방을 그렸다

새끼들이 한뎃잠을 잔다고
저녁마다 부뚜막에 앉아 훌쩍거리던 엄마에게
다리가 달린 텔레비전
고무로 만든 침대도 그려주었다

벽 귀퉁이처럼
낡아가는 여자가 집을 그린다

유리로 지은
겨울만 있는 집에서는

아직 버리지 못한,
다리가 네 개 달린 텔레비전에서 얼룩말이 달리고
해가 지면 가끔씩 황동 주전자에서 김이 오른다

그날 이후

해 저물면 철길 옆에서 아버지를 기다렸다
철길 아래 아버지 이마 환하게 빛날 때까지
노을이 고인 가게 바람벽에서 제자리뛰기를 했다

하중자중용적계산
하중자중용적계산
하중자중용적계산……
화물차에 있는 글자를 따라 치맛자락을 팔락거렸다

아버지의 호주머니 속 동전이
동네 가게에서 단팥빵이 되고 크림빵이 되는 순간을 위하여

속살 뽀얀 빵조각 오물거리며
아버지 그림자 따라가는 순간을 위하여
높이 더 높이 뛰어올랐다

해가 산으로 숨어버리고
식구들이 저녁 밥상을 물릴 무렵

시멘트 가루를 하얗게 묻힌 아버지가 들어왔다

안방 윗목에는
퉁퉁 불어터진 국수 한 그릇이 덩그러니 놓여 있었다

늦게까지 잠은 오지 않았고
그때부터 철길은 표정을 잃었다

어느 날 아침

애야, 진미 엄마가 죽었단다.
전화기 너머 엄마의 풀죽은 목소리가 들린다.
엄마의 얼굴에는 눈물자국이 수없이 생겼을 것이다.

줄무늬 월남치마를 입고 노란 참외가 든 다라를 이고 언덕을 올라오던,
엄마의 오랜 친구 진미 엄마
나는 공갈 젖꼭지를 물고 있는 딸애의 볼을 두드리며 무심히 말을 넘긴다.
엄마, 사람은 언젠가는 다 죽어.

엄마, 경희가 죽었어. 가슴에서 풍구 돌아가는 소리가 나고 이마가 숯덩이처럼 뜨거워.
내가 엄마에게 말한다.

애야, 어느 날 아침 누군가 보이지 않는다고 울지 마라.
언젠가는 다른 아침이 오는 거란다.

두 해 뒤에 진미 엄마를 따라간 엄마가
꿈속으로 들어와서 말한다.

집으로 가는 길

골목에 들어서면 심장이 쿵쾅거린다

사라지는 안개처럼
모든 것을 다 내준 골목

휘어진 등으로
무릎마디가 흔들거리는 담벼락

끝없이 이어지는 넝쿨이
장독대를 휘감고 있다

항아리 뒤에 숨은
새까만 머리카락이 보였다가 사라진다

바람이 불자
한쪽 벽 귀퉁이가 허물어진다

녹슨 철 대문 안에서

엄마의 굽은 등이 아궁이에 불을 지피고 있다

비로소 나는 집으로 왔다고 중얼거린다

호루스의 눈*

그림자들이 나에게 달려들었어

벌레가 된 나는
1초 2초 3초…… 핏기를 잃어가며
심장의 박동 수를 세고 있었지

이별은 꿈속에서만 생각했어
나는 이별을 고통이라 이름 지었지

하루 종일 햇볕을 쬐다가 붉어진 몸으로
바람 속에서 넋두리를 해대곤 했어

배낭에 돌을 채우고
냉동실에서 복어 알을 꺼내 놓았지

이별은 습관적으로
고통 따윈 아무렇지도 않은 일이라고 중얼거려

다시 가방을 싸기 시작했지

---

*호루스의 눈: 안전을 위해 지중해의 작은 배에 그려진 눈동자.

사하라 버스

사람들은 모두 생각에 잠겨 있다

리비아 사람은 리비아 생각을 하고
콜롬비아 사람은 콜롬비아 생각을 한다

창밖으로 골목이 보이고
빵집이 보이고
생선 가게가 보인다

처음으로 램파키*라는 물고기를 샀던
어제를 생각한다

항구 근처에서
짐 보따리에 기대어 선 여자를 본다

사하라의 먼지를 이고 온 듯
램파키의 눈망울을 닮은 여자가
바다를 보며 웃는다

여자의 웃음을 보며
나는 다시 한국적인 생각에 잠긴다

＊램파키: 지중해에 사는 몰타 사람들이 주로 먹는 생선.

근대 갤러리

미술관은 오래된 폐사지처럼 보인다

푸른 이끼가 낀
기울어지고 어긋난 벽에
수돗물로 배 채우는 아이
구겨진 신문지 들고 변소에 앉아 있는 아이가 세밀하게 그려져 있다

끝없이 가득 걸려 있는
은유가 빠진
비유가 너무 많은 그림들

세상의 미술관은
언제나 열거나 반복이다

미술관에 오면
언제나 미술관 밖의 그림들을 상상한다

비에 젖은 포스터
빗속을 뚫고 제각기 걸어가는 사람들

입구와 같은 출구를 나오는데
모호한 웃음의 사내가 앞에 서 있다

폭풍주의보

폭풍이 온다는 재난 문자가 온다

쇠고기 듬뿍 들어간 곰탕을 먹었다
식당 구부러진 계단에 남자가 앉아 있다

남자가 보이는 카페에서 여자는
커피를 마시며 자판을 두드린다

커피 향을 따라
화면 속 글자들이 분열을 시작한다

어긋난 관계에 대한 말들이 둥둥 떠다니고
사과와 용서 사이에서 커서가 깜박인다

여자가 커피를 한 잔 더 마신다
계단 위의 남자는 사라진 지 오래다

서치라이트처럼 자동차 불빛들이 파고든다

밤은 길어질 것이고 달은 뜰 것이다

덜컹거리는 유리문으로 바람이 쏟아져 들어온다
바람 속으로 까마귀 떼가 한꺼번에 사라진다

서곡리 통신

신랑은 밤새 노름하다가 새벽닭 우는 소리에 들어오는데 대문 여는 소리에 신부가 조그맣게 숨 뱉는 소리가 어떻게 귀에 들었는지 여편네 한숨 소리 담 밖으로 나가면 집구석이 망한다고 바람이라도 피우느냐고 마당 살림들을 여기저기 내던지다가 골방 멍석에 마른 황태같이 자더라고

신랑은 하루 일이 끝나자마자 달려가는 선술집이 있는데 날마다 와이셔츠에 속곳에 빨강 칠이 묻어오는데 신부가 퉁퉁 걸음이라도 걸으면 언제 월급 안 갖다 주어 식구들 굶긴 적 있느냐고 대포 터지는 소리를 하다가 깔아놓은 색동 요대기에 돌부처처럼 넘어지더라고

신랑은 제 공부한답시고 온종일 바람과 싸돌아다니다가 해 저물어 들어오는데 책 좀 그만 보고 애 얼굴이나 좀 보라고 하면 노름을 했냐 계집질을 했냐 돈 안 드는 일 하는데 웬 잔소리냐고 제 방으로 기어들어 가 다시 온돌 공자가 되더라고

그놈의 지랄귀신 누가 떠메가는 구신 없냐 제발 제 신부(新

婦) 제소리로 못쓰겠다며 달아나 버려라 제대로 바람이라도 나서 나가 버려라 수십 년 빌었는데 귀밑머리 풀던 시절 그 정 아직도 남았는지 이제는 그 구신이 느티나무 고목처럼 보인다고

늙은 여자들의 말소리 웃음소리 공(gong)* 소리
흙집 담벼락에 스미는 밤

---

*공(gong): 우리나라 징 같은, 인도의 명상 도구.

겨울 한낮

텅 빈 어둠 속에서
제 키보다 긴 그림자를 밟고 서 있던
아이의 눈빛이 떠오른다

핑크 요정이 그려진 책가방을 메고
엉거주춤 눈 녹은 운동장에 서 있던
아이의 젖은 발이 떠오른다

떠오르는 것들은 서로 스크럼을 짜고
내 몸을 벽으로 밀어 넘어뜨린다

긴 머리 가닥이 바닥에 닿은 나는
새똥이 묻은 유리창에 손바닥을 대고
멀어지는 햇살을 당기어 본다

새똥 때문인지
온기 없는 마음 때문인지
햇살은 자꾸 나의 시선을 피한다

들판은 벌써 산 그림자를 베고 누웠고
나는 마른 나뭇가지처럼 구름이나 새들을 본다

전선 위의 구름이 다시 서늘해진다

시월의 꽃밭

지는 해를 보러 그녀가 왔다

웃으며 인사하지만
눈가에 물기가 가득하다

그녀가 입을 벌리고 큰 소리로 웃을 때
슬픔의 부피가 더 커지는 것 같았고
행복하다고 말할 때마다
눈물의 양이 더 늘어나는 것 같았다

불행이 슬픔 쪽으로
슬픔이 불행 쪽으로

기울기가 위태로워 보이는 날이다

시집 한 권을 들고 온 그녀는
페이지마다 자신의 그림자를 끼워 놓았다

백 페이지가 되는 시집을 넘길 때마다
눈물과 한숨이 쏟아진다

와인 잔을 들고 바게트 조각을 씹는
그녀의 볼이 사계절을 피워낸 꽃밭처럼 보인다

그때

겨우 쪽잠을 잘 수 있는 동굴을 샀다

한낮에 장롱 밑에서 나온,
구겨진 만 원짜리 지폐를 들고 집을 나왔다

흐린 백열등 아래
소주 두 병, 새우깡 한 봉지를 놓고
벽에 비친 그림자에게 말을 걸었다

더는 못 참아
내 안에서 갇혀 살 수 없다고
네가 이야기하지만
나에게 말한 거니
여기 나뿐인데

물속에 있는 듯 축축해진 나는
누군가의 소리를 듣기 위해
방바닥에 납작 귀를 대고 있었다

제4부

간신히

창문 틈으로 들어온 먼지들이 천장에 무늬를 그린다

속눈썹이 풀잎처럼 흔들리더니 눈동자가 간신히 빛의 입자들을 따라 움직인다

한동안 방바닥에 납작 엎드려 눈만 껌벅거린다

불을 삼킨 듯 기침을 삼키면 세상의 수직들은 저음의 기침소리를 낸다

숯덩이가 된 몸뚱이가 출렁인다, 수직의 다급한 목소리가 들린다 숨을 쉬어, 숨을

들이킨 숨결들이 폭포처럼 수직이 되면 마른 나뭇가지처럼 일어나 숨을 내쉰다

죽지 않았으니 다시 살아난 것도 아니라고 중얼거린다

누워야 해서

오지 않을 누군가를 기다리다가
잃어버린 운율을 찾다가
엉덩이 힘줄이 늘어나 버렸다

딱딱한 의자 탓을 하다가
아무튼 오늘은 누워야 해서

누워서 시를 읽는다
시대의 사랑을 읽는다
비극적 정열의 시대를 읽는다

숨이 가빠오고
고개가 끄덕여지고
등에 달라붙은 소파가 축축해진다

벌거벗는 것을 포기하고
벌거벗지 못하는 것이 부끄러워
시를 쓰지 못한 적이 있다

애초에 서투른 게 삶이라서
이유 없이 늘어나거나 줄어든 시간 때문에
하루가 아픈 적이 있다

소파 난간으로 발이 삐져나온다
발가락들이 깃털처럼 보인다

날고 싶다

어떤 일

일이라는 게 있긴 있었다
아는 사람 몇몇이 궁금해서 물었으나
너무나 싱겁게 끝이 났다고 했다

아무도 더 물어보지 않았으니
어떤 일이 일어났어도
밖으로 소문이 나가지는 않을 일이었다

식구들이 모두 잠들었을 때
군데군데 쥐 오줌이 얼룩진 만다라 천장을
올려다보며 따져보기는 했다

어떻게 해서 그렇게 되었고
그래서 무엇이 되었는지
그래서 어떻게 되는 건지

만약 어떤 일이 일어났다면
호기심 때문에

무료함 때문에
일어날 수도 있는 일이었다

대문 앞을 지나가던 사람이 또 물었다
무슨 일이 일어났냐고
이번에는 어떤 사람이 들판을 헤매다가
허방다리에 떨어졌다고 했다

나도 모를 일들이 날마다 일어나고 있다

나선형의 시간

아침 햇살이
암막 커튼 사이로 기어든다

기지개를 켜고
오늘은 비명 없이 일어났다

아침까지 켜져 있는 티브이 채널 속에는
백 년 전 사람들이
표정 없이
집으로 돌아갈 준비를 한다

언젠가부터 잠에서 깨면
날아가 버린 새의 기억이
환풍기처럼 돌아갔다

머리서부터 발끝까지 바람을 쏟아붓는다

미간이 움푹 패인 얼굴이

거울 속에서 일그러진다

다시 새소리 들리기 시작한다

생활의 배경

자작나무 위에서 새들이 날아오른다

침대 위 베개 하나는 오늘도 부재중이고
테이블 위에는 석 달 치 약봉지가 부풀고 있다

언젠가 새의 하늘도 멈출 것이다

옷장 속 낡은 외투처럼
날마다 그림자를 벗어서 옷걸이에 걸어두고
새가 닿지 못하는 끝을 생각한다

바닥에 널브러진 앞치마를 목에 걸고
나무 계단을 내려간다

몇 년이 지나도록 잎이 나지 않는 식물이
여전히 구석 자리에 있다

다시 하루 분량의 기지개를 켠다

우연의 꼬리

사거리 지나 나란히 놓인 두 개의 다리를 지나 생사탕이라고 쓴 유리문을 지나 밀짚모자 쓴 남자가 지나간다 월남치마를 입은 여자가 지나간다 절룩거리는 여자가 지나간다

이끼 낀 우물을 지나 파란색 칠이 벗겨진 철문을 지나 기역자 모퉁이를 나무지게를 진 남자가 지나간다 막대사탕을 물고 있는 아이가 지나간다 빨간 립스틱을 바른 여자가 지나간다

지나가는 것은 모두 꼬리가 있다

한밤의 다리 위에서 바람과 입을 맞추는 것
꿈꾸던 둥지를 짓다가 허물기도 하는 것
둥지에 떨어진 깃털을 공중으로 날려 보내는 것도
세상이 날마다 되풀이하는 일이다

그냥 세상의 꼬리를 물고 따라가면 되는 것이다

기억의 포자

잠에서 깨면
꿈속에서 소곤거리던 말소리
웃음소리
형체 없이 날아가 버려

산다는 건 그런 것일지 몰라

사방의 벽 방향 없이 돌고
천장 전등갓 그네처럼 춤출 때

종종 모래 궁전 보이던 소꿉 마당
희, 란, 숙, 동네 계집애들 호들갑 소리
엄마의 새벽 도마질 소리
봉산 교회 기도문 외우는 소리
원주천 산들바람

그 모든 것
봄날 아지랑이처럼 날아가 버릴지 몰라

기억의 책갈피에 남은
그 모든 것
창틈에 더러더러 피는 꽃이라도 되면 좋겠어

산다는 것
어쩌면 그게 전부일지 몰라

노천카페, 12시

구름이 비바람을 불러온다

의자 몇 개가 데크 아래로 구르고
벽에 걸렸던 그림이 바닥에 떨어진다

가느다란 목을
벽 모서리에 기대고 있던 여자가
두 손으로 머리를 잡고 소리를 지른다

나가 버려
다 나가 버려

까만 안경 속에서
여자의 눈동자가 흔들린다

비바람이 멎자
종이 인형 같았던 여자가 다시 붉어진다

사람들은 수런거렸던 기억을 허물고
하나둘 카페를 빠져나간다

10월

마트에서 감과 포도를 샀다
얼마 남지 않은, 가을을 사고 싶었다

가을은 벌써 제 색과 맛을 잃고
주름이 들어 있다

사람들은 벌써 어제와 다르다
두툼한 옷을 입고 걸어 다닌다

호숫가 산국의 꽃잎들이 수면에 닿을 때마다
꽃 한 송이가 부서진다

부서지는 순간 다시 살아나는 하얀 꽃들 옆으로
참새 두 마리가 쥐똥나무 사이를 파고들며
오후의 햇빛을 쪼아 먹고 있다

나는 또 누군가를 그리워할 준비를 한다

뭉크

미술관에서 철사를 구부려 만든 뭉크를 만났다

하얀 벽에서 여자 우는 소리가 들렸다

이부자리까지 울음소리가 따라왔다

피 같은 노을 따라 철길을 가는 여자아이가 울었다

얼굴에 손을 대고 큰 소리로 울었다

유년의 모빌이 흔들렸다

사각의 숲

여자는 어미 잃은 멧새 같았어

사방이 늘 고요해서
새소리를 들으러 왔다고 했어

바람이 벽에 부딪히던 날
벚나무 아래서 술을 마시고
사흘 동안 꽃 무덤이 된 적이 있다고

그때부터 무덤이 되기 시작했다고
지금이 백한 번째라고

방금 전부터
숲이 사각의 방으로 보이기 시작했다고 말했어

나는 숲이 나중에
우리들의 무덤이 될지 모른다고 말했어

여자는 땅속으로 기우는 몸을
몸을 다시 세우려는 듯 팔을 나풀거리며 날갯짓을 했어

꾀꼬리가 오면 다시 오겠다는 말을 남기고
가만가만 숲을 내려갔어

여기서부터는

검정 선글라스를 쓴 그녀가 말한다
유리병에 담긴 장미가 검게 보인다고

사랑하는 사람이 떠나기 전에
분홍 장미가 춤추고 있는 것을 본 적이 있다고

잠자리에 누우면 눈물샘이 저절로 솟아
젖은 화장지가 수북이 쌓여간다고

눈물을 마르게 하려고
애써 배시시 웃던 기억들을 떠올려보지만
이제는 그 기억조차 검게 보인다고

자정이 넘어 잠든 머리맡으로
오래된 소리들이 들려오기 시작하면
벌떡 마당으로 나와
서리가 하얗게 내린 마른 잔디를 본다고

그녀가 삐걱거리는 관절을 어루만지며 말한다

이제 어디로 가야 하냐고

노을이 오는 카페

오븐에서 빵이 익어갈 때
싱싱한 원두 거품 부풀어 오를 때
생각의 파편들이 한 편의 시로 만들어졌을 때
노을은 달콤한 스팀 밀크처럼 왔다

사랑에 대하여 더 이상 할 말이 없을 때
하루 세 끼 깻잎장아찌로 허기를 때울 때
기껏 쓴 시가 한물간 트로트 같을 때
노을은 부서진 그릇처럼 왔다

어떤 시인이 시는 뒤척이며 존재한다고 하니
나이 든 여자들이 고개를 끄덕였다
누군가 지구의 나이가 46억 살이라고 말했을 때
암 수술을 한 친구가 스무 개의 화분을 가지고 왔다

오늘도 노을은 카페에 들렀다가 빠져나갔다

해설

이방의 나라 혹은 오래된 집에서 쓰는 편지

우대식(시인)

안유경 시집 『호텔 나나』는 첫 시집답게 다양한 층위의 내용들이 시적으로 형상화되어 있다. 초현실적인 자아 분열과 내적 서사, 지나간 것들에 대한 추억과 일상의 이면적 의미에 대한 탐구 등 상당 기간 시를 쓴 문학적 흔적이 고스란히 담겨 있다. 어쩌면 첫 시집이 가진 매력이 여기에 있다 할 것이다. 무엇과 싸울 것인가, 무엇을 그릴 것인가에 대한 탐색이야말로 왜 글을 쓰는가에 준하는 물음이기 때문이다.

여기는 언제나 빈방이 많아
건물이 아주 낡았기 때문이지

해 질 무렵

호텔을 나와 흐릿한 간판 아래 서 있으면
민트색과 핑크색 물방울이 공중에서 날아다니는,
한낮에 꾸는 꿈을 꾸는 것 같아

방금 호텔 앞에 빨강 포르셰가 서고
노랑 레깅스에 흰색 하이힐을 신은 여자가
고양이 걸음으로 호텔로 들어갔어
한쪽 어깨가 몹시 기울어진 남자가 그 뒤를 따라갔지

어제는 몸이 풍선처럼 부푼 여자가
귀밑 애교머리를 넘기면서
장딴지가 굵은 남자에 떠밀려 들어갔는데

이곳에서 만난 사람들은 모두 얼굴이 없어
출입문을 열고 들어가면
쇠창살에 뚫린 조그만 구멍으로 아주 낡은 말소리와
열쇠가 매달린, 202호라고 쓴 나무 판때기가 불쑥 나오지

주인 여자는 호텔처럼 백골이 다 된 듯해
언젠가, 언제나 푸른 꽃인 곰팡이가
이곳을 완전히 덮어 버릴지 몰라

어떤 이들은 사랑하기 위해서 이곳으로 오겠지만
어떤 이들은 이별하기 위해서도 오겠지

창문 밖으로 자동차 바퀴에 다리 잘린 고양이가
집채 같은 몸을 끌고 가는 게 보였어

—「호텔 나나」 전문

시집의 표제작이기도 한 「호텔 나나」는 눈여겨볼 만한 작품이다. 그것은 현실과 비현실의 경계에서 포착된 시적 화자의 내면이 고스란히 담겨 있기 때문이다. "언제나 빈방이 많"고 "건물이 아주 낡"은 '호텔 나나'의 풍경은 이국적이면서도 비현실적인 공간으로 설정되어 있다. "민트색과 핑크색 물방울이 공중에서 날아다니는,/한낮에 꾸는 꿈을 꾸는 것 같"다는 호텔에 대한 묘사는 '호텔 나나'가 현실적 공간이 아니라 상상 속 꿈의 공간이라는 것을 분명히 보여준다. 호텔에 드나드는 인간 군상은 과장된 옷차림과 몸놀림을 하고 있다는 점에서 현실성이 떨어진다. "노란 레깅스에 흰색 하이힐을 신은 여자", "한쪽 어깨가 몹시 기울어진 남자", "몸이 풍선처럼 부푼 여자", "장딴지가 굵은 남자" 등의 인물들은 풍속화의 도구적 인물처럼 그려진다. "이곳에서 만난 사람들은 모두 얼굴이 없"다는 진술은 매우 의미심장한 맥락을 가지고 있다. 인물에 대한 과장과 인물의 부재는 역설적으로 상통한다. 이 시에 나타난 사랑이란 심드렁한 일상일 뿐이며 심지어 부조리하다는 수식조차 의미가 없다고 할 수 있다. '호텔 나나'의 운명이 "언젠가, 언제나 푸른 꽃인 곰팡이가/이곳을 완전히 덮어 버릴지" 모른다는 진술은 심각한 시선으로 바라본 우리의 일상이 얼마나 허무한 것인지를 여실히 보여준다. 시적 화자가 인식한 사랑이란 심드렁한 일상이며 "줄 수도 없고/받을 수도 없는"(「봄, 다시」) 관념인 것이다. "자동차 바퀴에 다리 잘린 고양이가/집채 같은 몸을 끌고 가는" 그로테스크한 풍경이야말로 사랑이라는 기표 주변을 어슬렁대는 실체라 할 수 있다. 그러한 점에서 '호텔 나나'는 시적 화자의 내면 풍경이라 할 수 있다. 이렇듯 보이지 않는 세계에 대한 탐구는 자아의 분열된 양상을 보여준다.

버드나무 이파리처럼 반짝거리거나
때로는 도시의 네온사인처럼 일렁거렸지

언젠가부터 뿌연 물속에 있는 것들을 보기 시작했어

누군가의 머리카락이 수초처럼 엉켜 있었고
혈흔이 묻은 손가락 밴드가 엔젤피시처럼 보였지

누군가의 손톱에서 떨어진 분홍색 네일아트가 벚꽃처
럼 휘날리기도 했어

어제저녁에 먹은 연어가 떠올랐지
열도에서 온 것인지도 모른다고 생각했어

빛은 사방으로 퍼져 길을 알 수 없게 되었어

내게 열두 개의 지느러미가 생기기 시작했지

—「무의식의 바다」 전문

「무의식의 바다」라는 제목은 자못 심각하다. 다분히 프로이트의 무의식을 떠올리게 하는 시의 제목과 아울러 시의 내용 역시도 현실이라기보다는 의식의 저편에 실재하는 그러나 구체적으로 알 수 없는 실루엣의 형식으로 그려진다. 프로이트에 의하면 무의식이란 의식의 주체인 '나(ego)'가 알지 못하지만, '나'의 사유와 욕망과 정서를 지배하고 있는 의식 바깥의 정신세계이다. 프로이트의 정신분석학은 '무의식의 과학'이다. 자신이 알고 있다는 사실을 자신이 모른다는 것이 핵심이다. 의식적인 주체(ego)인 '나'가 무의식을 모르는 것은, 자신의 바깥에 어떤 초월적인 존재가 있기 때문이 아니라 자아가 무의식적인 주체(subject)의 앎을 억압하기 때문이다. 그래서 프로이트는 무의식을 '억압된 사고(지식)'로 정의하기도 한다. 따라서 "무의식의 바다"라는 공간은 의식적 주체가 이성적으로 인지할 수 없는 현상과 사건들이 배열되는 것이다. 그러한 상황을 시적 화자는 "뿌연 물속"이라고 말하고 있다. 가시적 현실과는 분명히 다른 세계인 까닭에 "무의식의 바다"에 남겨진 흔적은 반짝거림 혹은 일렁임으로 표상된다. 따라서 "누군가의 머리카락이 수초처럼 엉켜 있었고/혈흔이 묻은 손가락 밴드가 엔젤피시처럼 보"이는 그로테스크한 현상은 현실적 이미지가 아니라 인간의 신체가 외부 세계에 반응하여 발생시킨 이미지나 생각 혹은 정서의 덩어리라 할 것이다. 무의식의 표상이 구체적으로 무엇을 뜻하는가 하는 문제는 정신분석학의 영역일 터이지만 이 시에서 보여주는 무의식의 표상이 육체 혹은 육체의 해체와 관련되어 있다는 점은 분명해 보인다. 그러한 점에서 "어제저녁에 먹은 연어"도 단순히 음식으로서의 그 무엇이 아니라 육체 파멸의 뉘앙스를 던져준다. "빛은 사방으로 퍼져 길을 알 수 없게 되었어"라는 고백은 어쩌면 의식적 주체에 의해 억압된 무의식의 쓸쓸한 고백이라 할 수 있다. "열두 개의 지느러미"는 분열된 자아의 또 다른 모습이면서, 어떤 여정인지 모르지만 "무의식의 바다"를 헤쳐 가겠다는 의지의 산물이라 할 수 있다. 이는 "아직 수천 개의 내가 살고 있다"(「메멘토 모리」)는 절규와 상통하는 것이며, "낯선 땅에서 만나는/또 하나의"(「36인치 캐리어」) '나'를

조우하는 것이다. 따라서 "무의식의 바다"를 전제로 한 시편들 속에 드러난 서사는 "세상이 갑자기 갑갑해졌고/비린 습기들은 대형 수족관으로 변해 있었어"(「가능성에 대하여」)와 같이 초현실적으로 그려지는 것이다. 가시적 현실에는 없는 그러나 시적 화자에게 생생한 현실이 시 속에 펼쳐진 것이라 할 수 있다.

이 시집에서 눈여겨볼 다른 하나는 장소에 대한 천착이라 할 수 있다. 그것은 시적 화자의 경험 혹은 살아온 내력과 깊은 관련이 있을 터이다.

버석하게 마른 사랑이
종이 인형처럼 걸어 나오던

봄꽃처럼 미리 핀 사랑이
낙엽처럼 바람에 가볍게 날아가던

레코드 가게 캐럴을 따라
A도로 자동차 불빛을 따라
설국여인숙, 무아다방, 원주식당
어둠 끝자락에 전등 환히 빛나던

소주병과 국수 다발 홍청거리고

누런 발의 노숙자들이 노랗게 졸던

흩날리는 눈발 따라
쓸쓸한 눈빛들이 서성이던

하꼬방 같은 내 집에
처음으로 안도했던

그곳
원주역

벌써 그리운,

—「원주역 1」 전문

원주역을 비롯 태백역 그리고 42번 국도, 춘천 등 장소의 소환은 시적 화자의 의식의 바탕을 살펴볼 수 있는 좋은 기제라 할 수 있다. 지리학자 이-푸 투안은 인간과 장소의 정서적 연계성을 장소애(TopoPhilia)라는 용어로 개념화시켰다. 특히 투안은 고향에 대한 애착은 글을 읽고 쓸 줄 아는 여부와도 무관하며, 수렵 채집인들은 물론 정착 농부들과 도시 거주자들 모두에게 해당된다고 말하고 있다. 고향이라는 장소는 영속적

이어서 사람들에게 안정감을 준다는 의미다. 그러한 의미에서 고향이라는 장소의 의미는 물질적 풍요와는 거리가 멀다. 이 시에 등장하는 원주역 주변의 장소와 인물군들은 대체적으로 소외된 형상으로 존재한다. "설국여인숙, 무아다방, 원주식당"은 밤이 깊은 원주역의 한 풍경일 터이며 "어둠 끝자락에 전등 환히 빛"났다는 진술은 원주역과 그 주변의 풍경이 주는 안도의 심리라 할 것이다. 시적 화자에게 원주역은 모든 사랑의 시종을 목격한 장소이기도 하다. "버석하게 마른 사랑이/종이 인형처럼 걸어 나오던" 사랑의 시발점인 동시에 "봄꽃처럼 미리 핀 사랑이/낙엽처럼 바람에 가볍게 날아가던" 사랑이 종착역이었던 것이다. 거칠게 말하면 원주역에서 사랑은 시작되었다가 끝났다고 말할 수 있다. 다만 사랑의 의미가 단순히 연애의 개념만은 아닌, 보다 포괄적인 의미망을 가지고 있었다고 할 수 있다. "돌아와 선 원주 역사(驛舍)/광장 시계탑 바늘 얼어서인지 더디게 가고/국화빵은 눈 속에 아름다운 꽃을 피웠지"(「원주역 2」)에서 보듯 원주를 떠나 서울에 입성한 단발머리 소녀들이 불야성의 백화점에서 느낀 이질감을 따뜻이 품어준 곳도 원주역인 것이다. 그런 의미에서 사랑이라는 개념은 어머니의 품과 같은 의식의 고향이라는 의미를 띨 수 있을 것이다. 노숙자들의 흥청거림마저도 연민의 눈빛으로 쓰다듬던 장소 또한 원주역이다. 어쩌면 원주역은 시적 화자에게 어머니의 자궁과 같은 출발점이라 할 수 있을 터이다. 「태백역」 역시 이름은 다르지만 원주역과 같은 풍경이 그대로 투사되어 있다. 이렇듯 장소에 대한 사랑은 과거의 추억과 관련지어 형상화되는 것이 일반적이지만 더러 냉철하게 자신의 현재적 삶을 조망해 내는 공간으로 작용하기도 한다. "안개의 영토에서는/모든 것들이 소외되지만/삶은 마침표 없이 진행된다"(「42번 국도」)에서 보듯 자신의 살아가는 공간은 안개의 영토이며 그 안에서 모든 것은 보이지 않지만 그럼에도 불구하고 삶은 여전히 진행된다는 시적 진술은 비장함을 품고 있다. 이 비장함은 보이지 않는 세계에서 살아내려는 시적 화자의 태도에서 비롯된다. 그것은 시인으로서의 자의식의 문제를 동시에 포함하고 있다. 시적 화자에게 시란 보이지 않는 세계를 걸어가는 일인 셈이다. 이 시집의 다른 한편에 깊이 새겨진 서사는 가족에 대한 이야기로 "집"이라는 공간에 대한 형상화 속에 잘 녹아 있다.

골목에 들어서면 심장이 쿵쾅거린다

사라지는 안개처럼
모든 것을 다 내준 골목

휘어진 등으로
무릎마디가 흔들거리는 담벼락

끝없이 이어지는 넝쿨이
장독대를 휘감고 있다

항아리 뒤에 숨은
새까만 머리카락이 보였다가 사라진다

바람이 불자
한쪽 벽 귀퉁이가 허물어진다

녹슨 철 대문 안에서
엄마의 굽은 등이 아궁이에 불을 지피고 있다

비로소 나는 집으로 왔다고 중얼거린다

—「집으로 가는 길」 전문

"집"은 골목 안에 위치하며 골목의 휘어진 담벼락은 언제나 흔들거린다. 구체적인 진술이나 묘사는 없지만 안개 그리고 휘어지고 흔들거리는 이미지는 다분히 흔들리는 가계를 연상케 한다. "항아리 뒤에 숨은/새까만 머리카락"의 주인공이 시적 화자 자신인지 혹은 다른 인물인지는 명확하지 않다. 어쩌면 "집으로 가는 길"은 자신을 만나러 가는 길이라 할 수 있다. "바람이 불자/한쪽 벽 귀퉁이가 허물어진다"는 것은 불안

했던 가계의 한 형상이라 할 수 있다. 바람이 불면 허물어지는 귀퉁이처럼 세파 속에 불우했던 가족사가 집의 상징이 되는 것이다. 그 모든 바람과 세파를 넘어 참된 집의 의미는 "엄마"로 인해 복원된다. "녹슨 철 대문 안에서" "아궁이에 불을 지피고 있"는 엄마야말로 집의 본래적 의미를 회복하는 중심인물이라 할 수 있다. 엄마가 부재하는 집이란 "유리로 지은/겨울만 있는 집"(「오래된 집」)인 것이다. 또한 집을 통한 사유는 시적 화자의 성장사를 그대로 품고 있다. "한낮에 장롱 밑에서 나온,/구겨진 만 원짜리 지폐를 들고 집을 나"온 곳도 "흐린 백열등 아래/소주 두 병, 새우깡 한 봉지를 놓고/벽에 비친 그림자에게 말을 걸었던"(「그때」) 공간도 집이라는 사실은 집이 가진 절망과 희망의 복합적 서사를 여실히 보여준다.

시집『호텔 나나』에서 가장 선명한 이미지를 보여주는 아래의 시는 앞으로 안유경의 시인으로서의 행보와도 깊은 관련이 있으리라 본다.

> 미술관에서 철사를 구부려 만든 뭉크를 만났다
>
> 하얀 벽에서 여자 우는 소리가 들렸다
>
> 이부자리까지 울음소리가 따라왔다

피 같은 노을 따라 철길을 가는 여자아이가 울었다

얼굴에 손을 대고 큰 소리로 울었다

유년의 모빌이 흔들렸다

—「뭉크」 전문

화가 뭉크의 절규를 빗대어 형상화한 이 시는 "우는 소리"로 가득하다. "하얀 벽에서"도 "피 같은 노을 따라 철길"에서도 여자아이의 우는 소리는 쟁쟁하다. 이 신경질적이면서도 내파적인 울음의 근거는 구체적으로 알 길이 없다. 다만 "유년의 모빌이 흔들렸다"는 시적 진술은 슬픔의 출처가 보다 근원적인 데 위치하고 있음을 암시한다. 이는 앞에서 살펴본 무의식에 대한 탐구 그리고 환상적 현실에서의 발화 등과 함께 안유경의 시가 지향하는 바가 무엇인지 명확히 보여준다. 안유경의 시인으로서의 다음 행보가 「뭉크」와 같은 집요한 이미지의 변주(變奏)를 추구한다면 우리는 지금 이 시대가 요구하는 새로운 시인의 출현을 목도할 수 있을 것이다. 그리고 독자들은 끝없이 해석을 요구받게 될 것이다.

문학의전당 시인선 386

호텔 나나

ⓒ 안유경

초판 1쇄 인쇄 2024년 11월 13일
초판 1쇄 발행 2024년 11월 20일
지은이 안유경
펴낸이 고영
디자인 헤이존
펴낸곳 문학의전당
출판등록 제448-251002012000043호
주소 충북 단양군 적성면 도곡파랑로 178
전화 043-421-1977
전자우편 sbpoem@naver.com

ISBN 979-11-5896-673-7 03810

*이 시집은 2024년 강원특별자치도, 강원문화재단 후원으로 발간되었습니다.